प्रांजल

कविता संग्रह

निमिष

Copyright © Nimish
All Rights Reserved.

अम्मा-बाबू जी के लिए

क्रम-सूची

क्रम-सूची

प्रेम के स्वर

क्रम-सूची

प्रस्तावना

परिवार मे सबसे बड़ा लड़का आदर्शवादी और सबसे छोटा लड़का यथार्थवादी होता है। घर में सबसे छोटे निमिष की पारिवरिक पृष्ठभूमि साहित्यिक नहीं रही है, फिर भी इनके अंदर एक साहित्यिक प्रतिभा बचपन से ही खेल रही है, जिसका इन्होंने सही दिशा में उन्नयन किया है । इन्होंने अपने काव्य संग्रह प्रांजल के माध्यम से अपने विचार के प्रवाह को अभिव्यक्त करके एक अनूठा और सात्विक प्रयोग किया है । ग़ौरतलब है कि चिंतन, तथ्य और कुरीतियों को बोझिल किए बिना भी उपेक्षित तबक़ों की ज़िंदगी, संकीर्ण सोच, सामाजिक चेतना, एवं पारस रूपी प्रेम पर महत्वपूर्ण रचनायें लिखी जा सकती है । निमिष ने अपने चिंतन को केंद्र बनाकर अत्यंत संदर्भवान काव्य-संग्रह 'प्रांजल' प्रस्तुत किया है ।

समूची भारतीय भाषाओं के सामने आज अंग्रेजी और उसके साम्राज्यवाद का ख़तरा मंडरा रहा है। कई भाषाओं में संवाद करता हिन्दुस्तान दुनिया और बाज़ार की ताक़तों को चुभ रहा है। उसकी संस्कृति को नष्ट करने के लिए पूरे हिन्दुस्तान को एक भाषा में बोलने के लिए विवश करने के प्रयास चल रहे हैं। अपनी मातृभाषा को भूलकर अंग्रेज़ी में गपियाने वाली जमातें तैयार की जा रही हैं, जिनकी भाषा, सोच और सपने सब के सब विदेशी हैं । अमेरिकी और पश्चिमी देशों की तरफ़ उड़ान भरने को तैयार यह पीढ़ी अपनी जड़ों को भूल रही है। उसे रहीम, रसखान, सूर, कबीर, तुलसी, मीरा, टैगोर, दिनकर, महादेवी, शुक्ल की बजाय पश्चिमी धुनों पर थिरकाया जा रहा है। जड़ों से विस्मृत होती इस पीढ़ी को साहित्य, संस्कृति एवं सदाचार की ताक़त से बचाया जा सकता है। अपनी भाषाओं, ज़मीन और संस्कृति से प्यार पैदा करके ही देशप्रेम से भरी पीढ़ी तैयार की जा सकती है । निमिष का कविता संग्रह 'प्रांजल' की बुनियाद भी इन्हीं संस्कारों से जुड़ी है।

यह पुस्तक विचार के लिए उकसाती, चिंतन की नयी भूमि तलाशने के लिए प्रेरित करती है, सामयिकता के मोह बंधनों या प्रतिबंधों को अपनी तर्कशक्ति से काटने की दिशा देती पाठक के अंदर एक वैचारिक आंदोलन की तरह उतरती है। मार्मिक स्थलों की पहचान में कवि ने कोई चूक नहीं की । ये बड़ी ही सरलता से कहते हैं -

"प्रेम होने और प्रेम जताने में फ़र्क हैं
पाज़ेब लाने और पाज़ेब पहनाने का अपना मर्म हैं ;
सज्ज हैं जो प्रेम से, वे कितने गऊ सरल हैं
एक दूज़े से बिछड़ कर भी, उनकी स्मृतियों में डूबे तरल हैं"

कवि महोदय ने कृष्ण की आराधना के साथ अपनी पूरी सोच, सपने एवं अपने रहन-सहन को अपने काव्य में समेट लिया है । अंत में सिर्फ़ यह कहना चाहूँगी कि भाषा, शिल्प व भाव की दृष्टि से इनका काव्य-संग्रह, 'प्रांजल' पठनीय है । साहित्यिक पटल पर यह काव्य संग्रह अपनी अमिट छाप छोड़ जाएगा । कवि महोदय एवं मेरे शिष्य प्रिय डॉक्टर निमिष की सफलता की कामना करते हुए साधुवाद देती हूँ ।

डॉ. पूनम राय
हिंदी प्रोफेसर - वाराणसी

अनुभूति के स्वर

1. स्वप्नपंछी

वो न ढेरों सपने देखता
कैसे सपने ?
फिल्मी पर्दों से ??
न भई

यथार्थ की बीज से उत्पन्न हुए सपने
तम की बेला में दीप लिए, जीवित सपने
शिशु से कोमल, जरठ से प्रौढ़ सपने
थोड़ा-सा पाजीपन, थोड़ा प्रेम-जाम पिएं सपने

हां, अब कुछ सपने पूर्ण होते
कुछ देर सही, आधे-अधूरे रह जाते
पर वह सपना सबसे निकट उसके
जिसमे पाता वह निज को
माँ की बिवाइयों में मोम लगाते हुए

2. लड़कियाँ हैं तो

लड़कियाँ हैं तो, शेष है
उत्सव-उमंग
गीत-संगीत और थाप मृदंग की

लड़कियाँ हैं तो, शेष है
संस्कार-समाज
रिश्ते-नाते और मर्यादा जीने की

लड़कियाँ हैं तो, शेष है
खनकती चूड़ियां
सावन के झूले, सोहर-कजरी

लड़कियाँ हैं तो ही शेष
स्नेह-भाव अल्हड़ता
समर्पण-प्रांजल, ढेरो ख़ुशी

लड़कियाँ हैं तो
लिखी जाएगी सुरमई कविताएं
बनेगा फिर कही तेजोमहल

लड़कियाँ हैं तो ही
बनेगा परिवार और बचेगा
माँ का प्यार, वात्सल्य, उर-स्पर्श

लड़कियों को मारोगे

यूँ गला घोट दोगे
लेकिन बात मेरी याद रखना
जिस दिन वे अस्वीकृति भरेंगे
तुम्हे इस दुनिया में लाने से
वह दिन प्रलय का दिन होगा

3. नम्रता

तुम जीवन भर नम्र रहे
नम्र रहे शायद इसलिए निर्बाध रहे , हरे-भरे रहे
आते-जाते लोगों के हर्ष का कारण बने

नम्र रहे
इसलिए कई बार निज टहनियां भी टूटी
यद्यपि नम्रता भारी पड़ी
शीघ्र पुनः नई कली पनपी

नम्रता यूँ तो इतनी प्रखर
शिशुओं संग क्रीड़ा की तुमने
वृद्ध की छांव बने
नीड़-निर्माण देखा तुमने
कई बार पशुचर का चारा भी बन गए
और सच बतलाऊँ तो
ख़ुद को खपा कर भी तुम किसी का पेट ही भर गए

चूंकि तुम नम्र रहे
तुम सदा दोहराएं गए
मन में बसाएं गए

मैं जीवन भर अकड़ में जिया
चार समाज से दूर तड़कता-भड़कता रहा
लोगों ने मुझे पाया और नज़रें फ़ेर ली
क्या शिशु क्या वृद्ध सबकी आँखें खटकीं

न ही छाँव दें पाया
न ही किसी को ख़ुराक़
कंटकों से सज्ज जीवन
अंत में जलाया गया
और अगले ही क्षण भुलाया गया

4. व्योम

दो दूनी चार
दो तिहाई छह
स्लेट पर चॉक घिसता
भू पर पलथी मारकर बैठा
वह बालक
नहीं देखता आलिसां भवन, मोटी कमाई
शान-शौक़त और अफ़सर बनने के सपने

वह तो घंटी बजने और घर लौट
माँ के हाथ से दूध-भात
बाबा के कंधे पर बैठ खेतों की सैर
अपनी पलटन संग जमुना तैर पार कर लेना चाहता

क़माल है ना
हम बचपन में कितना बड़ा सोचते थे...!!

5. मैंने देखा हैं

मैंने देखा हैं
पाई-पाई जोड़ कर गृहस्थी सवाँरती गृहणियों को
और देखा है
अपने सपने भूल परिवार का भरण-पोषण करती युवतियों को

मैंने देखा है
प्रसव पीड़ा से कराहतीं महिलाओं को
और देखा है
अपने पति की कुशलता के लिए व्रत करती औरतों को

मैंने देखा है
दिहाड़ी मजदूरों को अपने नवजात शिशुओं को स्तनपान कराते हुए
और देखा है
घर का चूल्हा-बर्तन निपटा कर महिलाओं को खेती-किसानी में हाथ
बटाते हुए

मैंने देखा है
सरकारी हिंदी मीडियम में पढ़ने भेजी गई बहनों को
और देखा है
उनकी आँखों में उत्सुकता अपने भाइयों की अंग्रेजी किताब समझने
को

मैंने देखा है
सूनसान में घबराती सहमीं सी एक लड़की को ,
और देखा है

भीड़ में उसके पहनावें उसके शरीर उसके चरित्र का हनन करते
बेशर्मों को

मैंने सब देखा
समझा और महसूस किया हैं
क्योंकि मुझे भी तो इन्ही में से किसी एक ने
पाला-पोसा और बड़ा किया है

6. मैं देख पाता हूँ

मैं देख पाता हूँ, समाज में कैसे

समवाद नहीं विवाद जारी
सदभाव पर अवसाद भारी
सीरत नहीं सूरत के चर्चे
राम भूल रावण में उलझे

अनुष्ठान नहीं चमत्कारों से मोह
शास्त्र त्याग शस्त्रों पर जोर
जड़ता पर गतिमयता भारी
मानवता नहीं मजहब से यारी

वात्सल्य लुप्त विरासत बस चाह
प्रेम छुब्ध कामुकता की प्यास
मोक्ष कहा ??
अन्तर्द्वन्द जो गहरा
प्रगति कैसे हो ??
विसंगतियों का जो है पहरा

7. वटवृक्ष

कितने ख़ुशनसीब होते
मंदिरों में लगे वटवृक्ष
टहनियों में बंधाएं मन्नतों के रक्षासूत्र
बन जाते हैं, ईश्वर और आराधक के मध्य
आस्था के जीवंत सेतु

कितने ख़ुशनसीब होते
सावित्रियों से घिरे वटवृक्ष
बंध जाते हैं कच्चे सूत के धागों से
बनते उनकी सदा सुहागन रहने की मजबूत गांठ
इक आदर्श नारीत्व के प्रतीक

कितने ख़ुशनसीब होते
बुद्ध की छांव बनते वटवृक्ष
ज्ञान और निर्वाण की चेतना जागृत किये
दोहराते है समूचे विश्व में
बुद्ध के बतलाये अष्टांगिक रास्ते

8. गुड़ियाँ

आपने कभी देखा है किसी छोटी बच्ची को गुड्डे-गुड़िया, डॉल से
खेलते हुए ?? कभी देखिएगा एक गुड़िया और उस बच्ची में मेल

बच्चियाँ, हाँ छोटी बच्चियाँ
कैसे बच्चियाँ स्नेह का प्रतिबिम्ब बन जाती है

कैसे वे अपने गुड्डे-गुड़ियों के
केश संवारती है, रूप निहारतीं है
बातें करती, कई राज बताती है
पीड़ा कहती, प्रेम भी जताती है
पहले उसे सुलाती, फिर ख़ुद सो पाती है

कैसे वे अपने गुड़ियों में
संजोती ख्वाब नए, ऊँची उड़ानों के नित्य
बो जाती वात्सल्य रुपी बीज भी अनजाने
कैसे बुनती रिश्ते, लिखती प्रेम की परिभाषा नई
और कैसे अपने कान्हा की छवि भी देख पाती हैं

कैसे बच्चियां यूँ फट से घुल-मिल जाती हैं ?
कैसे यूँ ही रूहानी रिश्तों की नींव रख जाती हैं ??
कैसे वो बच्ची, हाँ वो छोटी बच्ची
उस निर्जीव गुड़िया में भी जान फूक पाती हैं ??

9. ईश्वर कहाँ मिलते हैं

ऊपर खुले नीले अम्बर के उस पार
या धरती का वछ चीर्र नीचे पाताल
ऊँचे पहाड़ो अंधेरी गुफाओं में एकांत
या दरगाह-मजार त्याग-तपस्याओं में व्याप्त
छटपटाते बे-जुबाँ के रक्त से मुग्द्ध
या क़लम हुए धड़, ज़िहाद के नारों से हर्षित
कुसुम भरे उपवन के बीचों बीच
या पांचजन्य से राख हुए देशों में रक्त सिंचित
ईश्वर कहाँ मिलते हैं ??

मेरी अनुभूति तो कहती
शायद थोड़ा-थोड़ा ईश्वर हर जगह बसता हैं

थोड़ा ईश्वर माँ के आँचल में तो
थोड़ा पिता की डांट अनुशासन में मिलता
थोड़ा वो सामने खड़े चाक घिसते शिक्षक में हैं
थोड़ा सा उस दुर्बल से भिक्षुक में है
थोड़ा ईश्वर मिट्टी से सने कुम्हार में है
थोड़ा प्रेयसी में है
थोड़ा प्रेमपत्र इकरार में है
थोड़ा जुगनू में है, थोड़ा कोयल में भी
थोड़ा गीतों में है, थोड़ा खेतों में भी

ईश्वर तो हर जगह व्याप्त
कण-कण में मौजूद

यह तो आराधक की निज स्वेच्छा
उसने ईश्वर कहाँ-किसमे ढूंढे

10. ख़ीर

कभी-कभी मैं सोचता हूँ ! ये दिनभर दुःख, नकारात्मकता और रोने वाली बातें ही क्यों ढूंढ़ी जाए ?? अरे भई खुशिया भी तो ढूंढ सकते, खुशिया बना सकते, परोस सकते, क्यों ??

ख़ीर

माँ का अनुपम प्रखर प्यार
गुमसुम हूँ मै
पढ़ लेती आनन हर इक राज
घोर निशा का पहरा
तू अब न टिक पाएगा
माँ हैं ना !!
अब हर सितम घुटने टेक जाएगा

हाँ, माँ को आता हैं खुशियां बनाना
हान जी !!
सवा किलो के पतीले में खुशियां पकाना
बस थोड़ा सा दुग्ध
मुट्ठी भर बासमती
धीमी आंच पर पकाना
खुशियां देखो कैसे फिर महकती

चार लोग की खट-पिट भूल
मिश्रण हो पंचमेवें का
लड्डू-गोपाल को भोग लगा

खुशियां बाहों में भरने का
तृषित पड़े जो खुशियों से
कभी ख़ीर बनाकर परोसना
प्रतिस्पर्धा द्वेष उन्मादों से दूर
कभी प्रांजल बन मुस्कुराना

11. दुनियाँ कुछ अजब सी

अपनी रफ्तार से गुजरती ज़िन्दगी के अंतिम स्टेशन की बेंच पर
बैठा शख्स आपको सफर की उन बातों को बताएगा जो वह जी आया
लेकिन ट्रेन में अभी चढ़ा व्यक्ति सफर की सिर्फ कल्पना बताएगा
क्योंकि उसका सफर बाकी है

दुनिया कितनी 'अजब' सी है, दोस्त
किसी की मुट्ठी खाली
किसी को रखने की जगह कम है
कोई हिमालय सा शांत-अडिग
कोई आग-बबूला दिनकर सा है
कोई धर्म का ज्ञाता यहाँ तो
कई नास्तिक बन मद-मस्त फिरे
कोई प्रेम में बुद्ध यहाँ तो
कई प्रेम में बने बुद्धू बैठे

कुछ पर जिम्मेदारियों का बोझ बहुत
कुछ पंछी सैर-सपाटा है
कुछ का पेट भूख से बिखले
तो कुछ की परेशानी मोटापा है
कितनों का कर्म ही धर्म बना
कितने ईश्वर की खोज में
कितनों के पाँव जर्मीं में घिसते
कितने हवा-हवाई मौज में है

कुछ बनते कीमती शिलालेख यहाँ

कुछ रद्दी अखबार बने
कुछ पीड़ा के स्रोत बने
कुछ कष्ट-निवारक बाण बने
कुछ का जीवन खुद में बीता
कुछ के समर्पण देखने लायक है
कुछ ने मेहनत की राह चुनी
कुछ राहु-केतु के सहारे है

12. मिट्ठू आम

पता है
पेड़ में सबसे मीठे आम कौन से होते ?

वो ही ,
जिसकी डाल पर मिट्ठू आ बैठते
चख तनिक जूठन कर
खग पुनः उड़ जाते

किन्तु किसी तुच्छ जीव का
जूठन किसको प्रिय हैं ??
हम तो ठहरे शेषनाग
लक्ष्मण दसरथ के कुल से

इसी वितृष्णा में रहकर
हम स्वादिष्ट आम से रह जाते
शबरी पर रख विश्वास अमर
श्री राम मीठे बेर ही खाते

13. कैसी कविता लिखूं

सोचता हूं कैसी कविता लिखूं

कविता जो शब्दों में उलझी हो
या वह जो सरल रास और मीठी हो

कविता जो मेरी मां जैसी प्यारी हो
या वह जो पिता की तरह अनुशासित हो

कविता जो काशी की गलियों सी भा जाए
या वोह जिसमें अपना दिल रो जाए

कविता जो सफलता की हुंकार भरे
या वोह जो हर हार से सीखे विचार करे

कविता जो अनेक विचारो का संगम हो
या वोह जो एकला चलो की पटरी पर दौड़े

कविता जो छू ले मन गदगद कर दे
या वोह जो दर्पण नया पाठ पढ़ाती हो

कविता जो सामाजिक मुद्दे भी जोर दे
या वोह जो मेरे आसपास ही उपजे और खत्म रहे

कविता जो डूबी हो शौर्य त्याग के किस्सों में
या वोह जो राधा बन कृष्ण दीवानी बन बैठी हों

कविता जो जीते दिल सबका मन मोहे
या वह जो सत्य बताकर आंखे खोले

कविता जो मेरे गांव- जहन में बसती हो
या वोह जो दिखावे में ज़िन्दगी कटती हो

कविता जो कुछ राह कुछ बदलाव सुझाएं
या वोह जो शब्दों की पहेली बस बन बैठी हो

सोचता हूं कैसी कविता लिखूं

14. माँ

इक नन्हा नवसिखियां कवि मुझसा
जो लिखता कम, पढ़ता ज्यादा है
अपनी पहली दोचार कविताएं
माँ को ही समर्पित करता है

ढूंढता फिरता है हर क्षण
वो उपमा, वो विशेषण
वे शब्द श्रृंगार
जिससे मातृत्व भाव को
और अधिक खूबसूरत दिखलाया जाय
किन्तु, भूल जाता है अनभिज्ञ
'माँ' शब्द ही पर्याप्त था
कविता में कुसुम खिलाने के लिए

हाँ, माँ
मैं अल्पज्ञ, बस इतना कह पाता हूं
तुम जीवनतत्व की भांति हो
तुम दुनिया की सबसे सुंदर कल्पना हो

15. भैंसे क्या सोचती होंगी

मैं सोचता हूँ कि गाय-भैंसे अपने खाली वक़्त में क्या सोचती होंगी ? चारा खाने और दूध देने के अलावा भी क्या फ्यूचर प्लानिंग करती होंगी ? फिर क्या ख़ुशकिस्मती से एक भैंस मिली और मैंने तुरंत उसका इंटरव्यू ले लिया ।

भैंसे क्या सोचती होंगी ?
प्रतिदिन-प्रतिपल क्या बूझती होगी ??
घड़ी की सुइयाँ भी घूमती दिन में दो बार
हे राम, भैंसे तो सदैव निखट्टू पड़ी रहती हैं

किन्तु सब का अपना मुँह
आंकने के अपने अंदाज़ हैं
हर बात पर टीका-टिप्पणी
आतुर अपना समाज हैं

पर क्या है ना !!
ना सोचना बेहतर हैं, कुछ अप्रिय सोच जाने से
भविष्य की फ़िक्र अन्यथा, रचतीं भंवरजाल जीवन में
हर छण बुद्धि-बल उपयोग, यह भी ठीक नहीं
दिमाग़ी कीड़े का यूँ उन्माद पालना किंचित ठीक नहीं

कल-कल करते भूल, आज-अभी में जीवन हितकारी
भैंसों की तरह ही आज-अभी में जीना होशियारी

16. सपनें होते पूरे

कुछ सपने देखे होते पूरे
कुछ अपने देखे होठों पर मुस्कान लिए
आंखो में नमी, मोतियों सी चमकती हुई
शब्दों में वही सादगी उदारता और नरमी
गर्व से शीश उठा कर अभिवादन स्वीकार करते हुए
अपनी काबिलियत के दम पर सब का विश्वास जीतते हुए
खड़ा हो जैसे विशाल हिमालय शांत बिल्कुल हिमाद्रि
सुबह ओष की बूंदे जैसे सूरज की किरणों से शरमाती
चारों तरफ हो रही चर्चा मणिकर्णिका वो कुल की
होड लगी है अखबारों की सुर्खियों में वो फैली

सब का मन मोह लिया है अपने इस कीर्तिमान से
हर जुबां पर तारीफ हर हाथ मिल रहा आशीर्वाद है
होड मची हुई थी समुद्रमनथन में
अमृत के प्यालों की
कुछ उसी तरह से तांता लगा हुआ है
अभिवादन देने वालों की
सबको दिख रहा उसका भविष्य,उज्जवल और सुनहरा
कुछ ही लोग है जानते कैसे उसने ये सब प्राप्त किया
कितने ही नींदों को गिरवी रख कर
सपनों तक पहुंची है वो
तो जाकर कस्तूरी मृग बन
हर जगह सुगंध दे रही अब

17. ध्यान

कितना सहज है
ध्यान की मुद्रा में आना
और कितना जटिल है
वास्तव में ध्यान लग पाना
स्पष्ट हैं, सीधी रीढ़ मात्र से
मन के टेढ़ेपन से निजात दुष्कर है
अंतर्मन में व्याप्त कोलाहल रुपी विष
कृत्रिम शांति पर अपकर्ष है

18. इक कवि

इक कवि क्या कुछ नहीं कर पाता ??

माँ के पैरों की बिवाइवां महसूस कर पाता
प्रेमिका के मुखमंडल में चाँद ढूंढ पाता
मीलों की दूरी झट से स्याही ईंधन बन दौड़ाता
शुष्क पड़ चुके मरुस्थल में भी उम्मीद के बीज उगाता

घाव देख चींखें आंक पाता हैं
मौन में छिपा शोर ढूंढ पाता हैं
प्रेयसी के आँखों में छुपे गहरे प्रेमभाव आंक पाता
जिस्म बेचती मजबूरन में भी सुचिता की लौ ढूंढ लाता

सड़क पर आंदोलन रूपी मशाल ले उतरता
युवाओं में अपने हक़ की हक़ीक़त से पहचान कराता
अंतिम छोर में बैठा उस अभागें की आवाज़ बन जाता
और आप पूछते हो इक कवि क्या ही करता ?

19. चूड़ियों की ख़नक

पिता के अस्वस्थ होने पर इक बालक हृदय के भाव

रोटी बनाते वक़्त बेलन के संग
थिरकती थीं माँ की चूड़ियाँ
चूड़ियाँ, जो मुझे आकर्षित किए बिना न रह पातीं

मैं अक्सर रसोईये में खड़ा
उत्सुक आँखों से पूछा करता था
माँ, ये चूड़ियाँ क्यों बजतीं है ??
और माँ मेरी उस सौम्य उत्सुकता पर
चिरपरिचित सोंधी हँसी हँस देतीं थी

ज्यों-ज्यों दिन बीतते गए
चूड़ियों से जुड़ा मेरा आकर्षण भी
माँ के चेहरे की मुस्कान के साथ
बढ़ता गया
लेकिन एक दिन अचानक
चूड़ियों की खनक कम सी हो गई
और उस दिन
मेरी आँखों में कोई प्रश्न नहीं था
क्योंकि, मैं जान चुका था
चूड़ियाँ क्यों बजती हैं !!

20. उलटे पाँव

घर पर बंद पड़ा आदमी

निहारता है दीवार
अपने दादा-परदादा की स्मृतियों को
सिर पर हाँथ फ़ेर मुस्काता हैं
प्रेयसी को लिखे पुराने प्रेम पत्र पढ़कर
खोज़ निकालता हैं
अपने पुराने खिलौने चीज़-समानों को
लजाता हैं
स्वयं की किसी पुरानी तस्वीर देख कर

जिंदगी की भागदौड़ में सदैव आगे चलने वाला आदमी
घर पर बंद
उलटे पाँव चलता हैं

21. एक मुट्ठी उम्मीद

तुम्हे पता हैं !
हमारा जीवन
इक सुंदर सीनरी सा है

सूखकर गिर चुके पत्तों पर
शोक मनाने से पूर्व
अपनी मुट्ठियाँ भी तो टटोलों ना
देखों तो
ईश्वर ने तो तुम्हारी दोनों हथेलियों को
बीजों से भरा है

22. आशीर्वाद का घड़ा

कभी-कभार मुझे अनुभूति होती !!

अगर पाप के घड़े हैं, वाक़ई मौजूद
पापों का हिसाब लिखे चित्रगुप्त, नित-रोज
पापियों को कुकर्मानुसार सजा का प्रावधान हैं
कर्म की प्रधानता, कर्म ही विधि का विधान हैं

तब तो यह भी बड़ा स्वाभाविक हैं
आशीर्वाद के घड़े भी होते होंगे
यद्यपि पाप नहीं पुण्य से भरते होंगे
यूँ ही नहीं कोई किबला, सुरत्व बन पाता हैं
बिन आशीष, तेजस्वी भी चुक जाता हैं

दागरहित सुरमई जीवन भी जीने वाले होते है
कर्तव्यपथ पर मुस्कुराते चलते
अमृत का सृजन करते हैं

23. बचपन बीत चला

जवानी से कहीं बेहतर
एक बचपन हुआ करता था
जिसमें कटुता के नाम पर सिर्फ
एक कट्टी हुआ करती थी
कितना सुंदर हुआ करता था बचपना
बचपन के वो दिन
सिरफ़ दो उंगलियाँ जुड़ने से
दोस्ती फिर से शुरू हो जाती थी
सुबह की कट्टी सांझ होते होते
पुनः मेल-मिलन कर जाती थी

यद्यपि
ज्यों-ज्यों आदमी प्रौढ़ हो रहे
आदमियत घटती जा रही है
ज्यों-ज्यों लड़कपन छूट रहा
जीवन रुपी पुष्प खिल तो रहा पर
सुगंध लुप्त होती जा रही

24. दो तरह के शेर

एक शेर जंगल का राजा
खूंखार घूमे आवारा
जंगल में भय कायम रखे
जीव जन्तु सब काँपें उससे
है राजा पर खुद शिकार पर
कड़ी मशक्कत पर मिलता कुछ
हर दिन घंटों ताक लगाए
मुश्किल से कोई हाथ में आए
कभी कभी मायूस भी रह जाए
पर जंगल का राजा कहलाए

दूसरा शेर चिड़िया घर वाला
शुस्त ढीठ आलस का मारा
बंद पिंजड़े से ही नाक सिकोड़े
बच्चे भी नहीं डरते उससे
खान-पान सब समय पर मिलता
फ़ोटो की बस शोभा है बनता
दुःख बहुत पर बांटे किससे
किस काम आएंगे ये नुकीले पंजे
खो चुका है अब अस्तित्व वो अपना
राजा से, कैदी जो बन बैठा

25. दुनिया को चुभती है

दुनिया को

बोलती-बतियाती
हंसती-ठहठहाती
घूमती-फिरती
बूझती-समझती
चलती-उड़ती
सजती-सँवरती
गुनती-बुनती
नकारती-फुफकारती
प्रश्न-पूंछती
आवाज़-उठातीं
निज डोर थामे हुए औरतें
चुभती है

26. आकर्षण

ऊँची इमारतें
बेमतलब की बातें
रंग-बिरंगी रोशनियाँ
कृत्रिम मुस्कान लिए अभिव्यक्तियाँ
दिखावे में बीतता यौवन
गुलामी के गीत-गाता जीवन
अजनबी चेहरों की भीड़
कान चीरता संगीत
क्षणिक खुशियों का मोहताज़ नहीं, मैं
शायद इसीलिए आकर्षण वाला जीवन रास नहीं मुझे

गतिमयता नहीं
जड़ता आती रास है
आकर्षण नहीं
अलौकिकता बस आस है
पक्के-पथरीले नहीं, कच्चे रास्तों से है मोह
अमृत की प्यास नहीं, विष हरने पर है ज़ोर

27. नींव के पत्थर

नींव के पत्थर भू के भीतर होते है
दिखाई नहीं देते
अदृश्य होकर
अपनी उपस्थिति दर्ज नहीं कराते है
नींव के पत्थर रहते है अनुपस्थित
पूरे परिदृश्य से
सँभाले हुए पूरा बोझ

नहीं की जाती है उनकी चर्चा
हो जाते है शुमार
ग़ैर ज़रूरी चीज़ों में
इमारतों के झुंड के झुंड
नहा रहे होते हैं जब
रोशनी के समंदर में
ले रहे होते हैं आंनद क़ामयाबी के
ख़ूबसूरत उपादानों के साथ
दबे पड़ें होते है नींव के पत्थर
अँधेरे की गुमनामी में चुपचाप

नींव के पत्थर
कहने में नहीं
करने में यक़ीन रखते है
करने की ख़ातिर
मरने में यक़ीन रखते है
मज़बूती के सीथ

वह ख़ुद ही करते है नाज़
अपने दायित्वों पर
ख़ुद ही कर्तव्यबोध बन
इमारत का भार लिए

नींव के पत्थर
क्या सचमुच दिखाई नहीं देते ?
या कर दिए जाते है नज़रंदाज
महत्वाकांक्षाओं के चलते...!!

28. नीम का पेड़

फिर लौटा अपने गांव मैं
वापस उस पेड़ की छाँव में
फिर उसी खेत ख़ालियानो में
वापस लौटा उन बगियो में

जहाँ उस नन्हें पौधे को रोपा था
पानी-पोषण देकर सँजोया था
वह पेड़ नीम का बड़ा हुआ
हरी जटायें बिखराए खड़ा हुआ

दिनकर का क्रोध चरम पर है
तपती गर्मी से हांहांकार मचे
पर मै तो नीम की छाँव में हूँ
बन बैठा मेरी ढाल है वोह

क्यों पेड़ ?
तू क्यों बनता मेरी ढाल ??
है पेड़ तू एक,
पर कितनो का बनता सहारा
ऊपर पंछी के घोसलें हो
या हो गिलहरिओ का ठिकाना
तेरी छाँव मे बच्चों का खेल हो
या हो बूढ़े-बुजुर्गों की बैठकशाला
क्यों दूसरों के खातिर
तू खुद को तपा रहा

क्यों दूसरों के खातिर
गर्मी-सर्दी आंधी-तुफानो
के धक्के खा रहा ?
पर नीम का पेड़ तो अडिग खड़ा
खुद के दर्द को नज़रंदाज़ कर रहा
दूसरों को खुशी देकर खुश है वह
तभी तो इस आग में भी
ठंडी हवाएं बरसा रहा

29. क्या कुछ छूटा

देखिए !!

कुछ न कुछ छूटना तो अपेक्षित है जीवन में
अखबार पढ़ा हमने तो प्राणायाम छूट गया
प्राणायाम किया तो अखबार छूट गया
दोनों किये तो नाश्ता छूट गया
जब सब जल्दी-जल्दी निपटाया तो
तो आनन्द छूट गया
मानें की
कुछ ना कुछ छूटना तो नैसर्गिक हैं

स्वस्थ भोजन खाया तो स्वाद छूटा
स्वाद का खाया तो स्वास्थ छूटा
जो जल्दी की तो सामान छूटा
जो ना की तो ट्रेन छूटा
जो दोनों ना छूटे तो
विदाई के वक़्त अम्मा का आलिंगन छूटा
मतलब यह कि
कुछ ना कुछ छूटना जीवन में अनुमोदित है

औरों का सोचा तो मन का छूटा
मन का चाहा तो रिश्ता टूटा
अध्ययन पर केंद्रित रहे तो प्रेम रूठा
तरक्की आखिर में पाई तब तक यौवन छूटा
हम तो कह रहे आरम्भ से

कुछ ना कुछ छूटना
यही नियति है

कुछ ना कुछ छूटना
यही नियति है

30. भीड़ से अलग़

है भीड़ बहुत इस दुनिया मे
कैसे मै इसमें खो जाऊँ ?
आँखों पर पट्टी बाँध कर
कैसे यूँ ही घुल मिल जाऊँ

है भीड़ का चेहरा न कोई
ना ही तय है कोई दिशा सजग
दिखते है बस अतरंगी चेहरे
और अंत में मचनी है भगदड़
कैसे इस भगदड़ में, मैं
खुद को शामिल कर जाऊ
है भीड़ बहुत इस दुनिया मे
कैसे मै इसमें खो जाऊ ?

है आसमां में तारे टिमटिमाते
लाखों ही यूँ कतारों में
पर एक सूर्य की चमक से ,
खो जाते, यूँ ही आसमानो में
अम्बार लगा हो रेतीले टीलों का
खुद हरा पेड़ बन उग आऊं
है भीड़ बहुत इस दुनिया में
कैसे मै इसमें खो जाऊ ?

31. ट्रेन का सफर

ट्रेन में बैठे हो कभी मित्र ??

हम भी एक बार ट्रेन में चढ़े
चढ़े क्या ! चढ़ाए गए
साथी दोस्तों के कन्धों पर सरकाए गए
सोचा था तान कर चादर सोएंगे आज बर्थ पर
पर लोगों को खड़ा देख
सीट पर बैठाये उन्हें

जो जागे रहे तो
भांति भांति के लोगो से परिचय हुआ
देश की विविधता अनेक विचारों का दर्शन हुआ
कोई मद्रासी तो कोई बनारसिया मिला
कई भक्त तो एकात कांग्रेसिआ भी मिला

कोई काम पर निकला हुआ जनाई पड़ा
तो कोई फैमिली टूर पर है
कोई बहुत दिन बाद घर जा रहा
तो कोई हनीमून पर है
मुददे भी बहुत यहाँ समय काटने को यारा
नहीं कुछ बन पड़ा तो
आखिर में मोदी को गाली खाना

किसी की साँस ज़ालिम
तो किसी का पति शराबी यहाँ

किसी की प्रेमिका बेवफा
तो कोई ट्रेन में ही जुगत लगा रहा
चाय-वाय नमकीन-चिप्स का
आयात-निर्यात थमता नहीं बिल्कुल
कोई भी मुद्दा हो, मार्गदर्शन
वयस्कों का मिलता है जरूर

मुद्दा शिक्षा व्यवस्था का हो
या हो टीवी पर अश्लीलता,
हर डिब्बे में चलती है
वाद-विवादों की प्रतियोगता
हर तरह के आदमी मिल जाएंगे
यहाँ आपको नीले लाल गुलाबी
कह तो रहा हूँ यह ट्रेन नहीं
यह तो है लघु भारत की सवारी

32. चैतन्य

बार बार यह अन्तर्द्वन्द होता है
और मै खुद से पूछता हूँ !!
मैं चैतन्य भी हूँ या फिर बस स्वास चल रही ?

कर्म धर्म
आकांक्षा आकर्षण
मोक्ष वात्सल्य
आस्था अलौकिक प्रज्ञा सात्विक
आदि शब्द मेरे मन-मस्तिष्क में घूमते है !!

आँखे बंद करता हूँ तो
सामने कृष्ण दिखते है
और धीरे धीरे इन सारे शब्दों का अर्थ मिल जाता है
अस्त होता सूर्य अचानक पुनः उगता हुआ प्रतीत होता हैं

अब मुझे मेरा लक्ष्य दिख रहा
जिंदगी का मतलब समझ आ रहा..
कृष्ण मिल गए है
चैतन्य होने की अनुभूति हो गई है

33. ऐसा जीवन जी जाना

जब बसन्त की बहार है तो पतझड़ का क्यों सोचना
जब बारिश की धार है तो सूखा मन क्यों रखना
जब मिलता मां का साथ है तब विपत्तियों से मत डरना
जब पंछी मन भरे उड़ान है तो सिर झुकाकर मत रहना

जब सबका वो ही पालनहार है तो ऊंच-नीच क्यों करना
जब कु-कु करती कोयल से ही जी बहला लेना
जब जिंदगी काटने के बजाय उसे भरपूर जीना
जब जितना मिला उसी में संतुष्ट रहकर आगे बढ़ना

जब मां-बाप की आकांक्षाओं को पूरा कर लेना
जब हर रिश्ते को मजबूत और भरपूर प्यार दे लेना
जब जीवनसंगिनी संग बिताए पलों में डूब लेना
जब तुम्हे देख कर लोगों की मुस्कान का निकलना

जब किसी के जिंदगी को संवारने का कारण बनना
जब खुद अभिभावक बनना और बच्चों संग खिलखिलाना
जब बाहर फैले विष रूपी उन्मादों से सबको बचाना
जब भाई बहन का खेल देख अपना बचपन याद आना
जब उन्हें पहली बार स्कूल से वापस घर लाना
जब अपनी जिम्मदारियों को मुस्कुराते हुए निभाना

जब चांदी होते केशों को वापिस काला कर लेना
जब चेहरे की झाइयों को अपनी अच्छाइयों से छुपाना
जब चरित्रवान, खुशहाल, दाग़हीन जीवन जी लेना

जब उनके साथ एकांत में चाय की चुस्कियां ले लेना

जब अपने किए गए अच्छे कार्यों का बख़ान करना
जब अपने मां-बाबू जी का पिंड दान कर लेना
जब दादा-दादी कहते नाज़ुक होठों से दुलार कर लेना
जब फिर एक सुबह तुम्हारा सोए ही रह जाना

और तुम्हारा खाली हाथ लौटकर
दुनिया को अपने अच्छे कार्यों से लाद जाना
ऐसा जीवन जी जाना
ऐसा जीवन जी जाना

प्रेम के स्वर

34. प्रियतम

मेरे प्रियतम
मेरे कृष्ण

तुमने मुझे गिराया
और हर बार की तरह तुमने ही मुझे उठाया
तुमने ही सही दिशा इंगित की
मरियल से मरीचि दिख पाने की संगति दीं
हाथ छोड़कर भी तुम मेरा हाल दूर से देखते हो
कल तक नटखट थे
बाँसुरी से ख़ूब ज़ी बहलाया
आज स्वयं कुरुछेत्र में सारथी बन दिव्य ज्ञान बाँचते हो

तो कैसे कह दूँ की तुम मुझे अनदेखा करते हो
तो कैसे मान लूँ की तुम मुझे अकेला छोड़ते हो
क्यों न !! यह कह दू
मेरे प्रियतम
मेरे कृष्ण
तुम तो सदैव मुझे चैतन्य रखते हो
तुम तो सदा मेरे मन में बसते हो

35. हरसिंगार

मैंने
हरसिंगार के फूलों को
खिलते देखा है

इतना सुन्दर
इतना सुन्दर
इतना सुन्दर खिलते देखा है
कि
अब वह
ओझल हो चुका है
स्मृतियों से ही

36. दूर कहाँ

दूर कहाँ ?
तुम तो मेरे सबसे समीप हो
विकट से विकट छणों में
सबसे निकट हो

हाँ, अब तुम मेरी निकटता पर संशय कर सकते
किसी तीसरे का दृष्टिकोण प्रस्तुत कर सकते
अनुपात , क्षेत्रफल , वेग आदि गणितीय दूरी माप सकते
एक-दूजे की नजदीकियों पर प्रशनचिन्ह लग सकते

यदयपि, सत्य बड़ा सात्विक सरल है
मेरे सम्मुख खड़ा सजीव व्यक्ति भी मुझसे कोसों दूर है
तन-मन, तम-ताप, उत्सव-उल्लास हर जगह तुम साथ
मेरे करीब हो
शायद इसीलिये तुम
ब्रम्हाण्ड के दूसरे सिरे से भी साफ-साफ नजर आ रहे हो
साफ-साफ नजर आ रहे हो

37. पाज़ेब

हमारे नाना के हज़ार किस्सों में से एक किस्सा पाज़ेब और स्वर्गवासी
नानी को लेकर जो की मै कभी नहीं भूलता !! कविता के रूप में
लिख रहा । कवि नाना से सवाल जवाब करता हुआ

यक्ष प्रश्न उठता है कि ,
पुरुष जीवन में पाज़ेब का क्या महत्व ?
पुरुष होकर भी पाज़ेब से क्यों हैं इतना ममत्व ??

कोई मामूली चाँदी की धातु नहीं
यह तो सबसे क़ीमती
प्रेम की पदयात्रा में चलते हुए
सबसे सुन्दर पलों की स्मृति
बुद्धि भूल प्रेम में तुम
जरा बुद्ध बन कर सोचना
पाज़ेब नहीं पाज़ेब में लिपटे
प्रेम-भाव को परखना

ज्ञात हुआ
प्रेम होने और प्रेम जताने में फ़र्क हैं
पाज़ेब लाने और पाज़ेब पहनाने का अपना मर्म हैं ;
सज्ज हैं जो प्रेम से, वे कितने गऊ सरल हैं
एक दूज़े से बिछड़ कर भी, उनकी स्मृतियों में डूबे तरल हैं

38. खुदरंग

ईश्वर साक्षी हैं
तुम अक्सर निज को
टुकड़ो में रखकर भूल जाती हो !!

तुम माँ हो
तुम बेटी भी हो
तुम पत्नी और बहन में बटी भी हो !!

तुम प्रेमिका हो
तुम ख़ुद प्रतिबिम्ब, प्यार का हो
और सच बतलाऊँ तो
तुम ब्रह्म सी निराकार हो !!

39. चितचोर

कौन है वह भाग्यवान
जिसकी प्रतीक्षा तुम्हारे नयनों को है

कौन है वो
जिसके प्रारब्ध में तुम हो
जिससे तुम्हें बेहद स्नेह
जिसकी ख़ुशबू तुमने ओढ़ रखी है
जिसके स्वप्नों की तुम राज़ी हो
क्या वो कान्हा है या कोई और

कौन है तुम्हारा चितचोर ?
मेरे प्रिय !!

40. मेरी बेटी

मेरी बच्ची,
मै तुम्हे सदैव परियों की ही कहानियां सुनाना चाहता था

कहानियां जिसमे तू हर बारी राजकुमारी बने
राजकुमार संग प्रीत रहे
महलों में तेरी हँसी गूंजे
तितली-भवरें संग मचले
पगपग पर खुशियां तेरे दामन छू ले
अश्रुजल गिरने से पूर्व तीनलोक काँपे

यदयपि समय की मांग हैं , अब
मै तुझे प्रेत कहानियां भी सुनाऊ
मै तुझे रण गाथाएं भी बताऊँ
तुझे शासन-शास्त्र की भी दीक्षा दूँ
और जरुरत वश शस्त्र-युद्ध की दक्षता दूँ !!

चूँकि अब
मै भान पाता हूं
समय बदल रहा
अब बच्चियाँ सिर्फ पाली नहीं जानी चाहिए
अब बच्चियाँ तैयार की जानी चाहिये
ताकि समाज उन्हें कठपुतली न समझे
कुसुम-कृश जान तोड़ने का साहस न रखे
राजमहलों की शोभा नही
कर्तव्यपथ पर केतन हो

राजकुमार परस्त देख जौहर नहीं
खिलज़ी की मौत रणचंडी हो

हाँ, मेरी बेटी
अब पापा तुम्हे सिर्फ परियों की कहानी न सुनायेंगे
सिर्फ परियों की कहानी न सुनायेंगे

41. भावुक

लॉक-डाउन में रामायण देखा जा रहा है !! देखिये कैसे पत्नीवियोग में श्री राम के हृदय की पीड़ा, उनकी भावुकता और कैसे घास के तिनके को अस्त्र बना लंकेश्वर को चुनौती देती अपहरित माँ सीते, मज़बूत अडिग !!
सीता-राम का अमर प्रेम बहुत कुछ कहता क्यों ??

कहने को पुरुष मजबूत
स्त्रियाँ भावुक, थोड़ी नाज़ुक होती
किन्तु एक स्त्री, पुरुष के भावुक पक्ष
और एक पुरुष, स्त्री के मज़बूत पक्ष से
सबसे अधिक आकर्षित होते

हाँ कुछ यूँ ही
इसी भाँति
प्रेम भाव उत्सर्जित होते

42. प्रेम में पड़ी स्त्री

प्रेम में पड़ी स्त्री
सब कुछ सहती है

सींचती हैं प्रेम रुपी पौधें को
अपने नेत्रजल से
प्रतिपल बचाती है
निज़ प्रेम को
हर व्याध
हर एक अंधड़ से
सँजो कर रखती हैं खुद में उसे
मानों कोई कस्तूरी मृग में
प्रेम में पड़ी स्त्री बिलकुल ईश्वर बन जाती हैं

प्रेम में पड़ा पुरुष
नहीं सह पाता प्रेम भी

43. पुनर्जन्म

कितना
ऊंच नीच जात पात
धर्म अधर्म इज्जत प्रतिष्ठा
द्वेष और मनमुटाव है
इंसानी जीवन में क्यों ???

मेरे प्रिय ,
अगर हमने फिर से जन्म लिया तो
प्रेम में वशीभूत तितलियों का एक जोड़ा बनेंगे
या फिर
किसी प्याऊ में रखी मिट्टी की सुराही
क्यों !!

44. सम्बन्ध

कविता को पढ़कर तेरी ,
सहसा ठहर सा गया हूँ मैं

अनुभूति होती
इन शब्दों से
इन भावों से
हैं गहरा नाता मेरा
देखना चाहूंगा तुमको मैं इक दिन
भला कैसे तेरा दर्द भी हो सकता है
ठीक मेरे जैसा !
भला तू भी क्या उसी जड़ से आया ??
जिससे मैं पनपा !!

45. मोक्ष

बांधते हो तुम प्रेम को

किसी एक से
किसी को निज से
यदयपि
प्रेम बंधन में नहीं
मुक्ति में है

परिधियों से पृथक
प्रेम अनंत है
ना बांधों यूँ प्रेम को
ना ही प्रेमी को
प्रेम मोक्ष है

46. बिछड़न

बिछड़न
मिलन से भी अधिक मृदु कार्य है
ठीक टहनी से पुष्प तोड़ने की भांति
बड़ी नम्रता से किया जाने वाला कार्य

बेतरतीबी से तोड़े गए पुष्प
टहनियों को अक्सर
कभी न जुड़ पाने वाली टूटन दे जाते हैं
कभी-कभी बिछड़ने की टीस से बड़ी टीस
कैसे
किस तरह
क्यों बिछड़े थे ??
इस बात की होती

47. अभिलाषा

इस सृष्टि की हर रचना के पीछे प्रेम ही तो है, है ना !!

वे, जिन्हें
प्रेम में विश्वास था
उन्होंने गमले लगाये
फूलों के बाग़ीचे तैयार किए
उन फूलों से अंतर्मन सजाया
प्रेम की ख़ुशबू को सर्वत्र फैलाया

वे, जो
लोभी थे
उन्होंने जंगल काट लाये
पेड़ो से 'कुर्सियां' बनाई
उन कुर्सियों पर अपनी पिपाषा बैठाई
और बड़ी सहजता से
धीरे-धीरे
जीवन की मधुरता सोंख डाली !!

48. अनपढ़ प्रेमी

मेरी परदादी के दाहिने हाथ में एक टैटू था परदादा के नाम का ; वे
पढ़ी लिखी नहीं थी, पर मुझे याद बचपन में पूछने पर बताती थी
ये बाबा का नाम है !!
कबीर जी भी कहते है -
पोथी पढ़ि पढ़ि जग मुआ, पंडित भया न कोय,
ढाई आखर प्रेम का, पढ़े सो पंडित होय

प्रेम में
अनपढ़ भी गुदवा लेते है
अपने प्रेमी-प्रेमिका का नाम
दाहिनें हाथ या बाजूं पीठ पर
और सीख जाते है उसे पढ़ना

बड़ी सहजता से प्राप्त कर लेते है
ख़ुशी-ख़ुशी जीवन जी सकने की
मतलब भर की शिक्षा

49. नियतांक

ऊपर अम्बर-आकाश में शुभ्र
चाँद तुम-सा दिखा
जमीं के फैलाव में मंजुल
तुम चाँद-सी दिखीं
जल के फैलाव में प्रांजल
तुम चाँद हो गयीं

जीवन के विस्तार में इस
ना तुम बदलीं
ना मैं बदला
ना ही बदला चाँद
जल-थल-नभ में
प्रेम हमारा एक नियतांक की
तरह रहा

50. कविताएं लिखना

ये एक तरह से युद्ध लड़ने जैसा है
कविताएं वग़ैरा लिखना
क्यों ??

कोई प्रेम से लड़ता है
कोई प्रेम में लड़ता है
कोई प्रेम के लिए लड़ता है
ये विद्रोह भी कराती है प्रेमियों के बीच
और मिलन भी
ये दरारें भी मिटाती है
ये सहारे भी बन जाती है
ये दर्द भी कुरेदती
और दवा भी खुद ब खुद बन जाती हैं

या यूँ कहूं कि
कितना सुकून देती कविताएं लिखना
क्यों ??

मन से विष पय अमृत
सब अलग-थलग कर देती हैं, कविताएं
जैसे हंस करता हैं
दूध-पानी को अलग-थलग
ठीक वैसे ही

51. दो फूल

ये दो फूल
जिनमें खो जाते हैं हम अक्सर
हमें इस कदर लुभाते हैं
कि हम भूल जाते हैं,
इन्हें मिल जाना है
मिट्टी में ही इक दिन

ये खिलेंगे मगर
उपवन में ही
हम कितना भी कर लें जतन
समर्पित कर दें अपना जीवन
तन-मन-धन
और गृह वन
सिर्फ़ इनकी एक मुस्कान के लिए
किन्तु
परन्तु
व्यर्थ है सारी लगन
सूना ही लगता है अपना आँगन
और तरसते हैं हमारे कर्ण
इनकी खिलखिलाहट के लिए

चेतना के स्वर

52. ये घोड़े पर बैठा दूल्हा गधा है

ये घोड़े पर बैठा दूल्हा गधा है
दहेज़ न लेने की एक विचित्र कथा है
किया था नालायक पर- लाखों ही ख़र्चे
सोचा था, वसुलेगे एक दिन लड़की के घर से

बाराती-घराती सभी थे अचंभित
मदरसे से पढ़ा है या गुरुकुल में शिक्षित
पिता जी का चेहरा उतरा हुआ था
दूल्हा गधा है ये चर्चित विषय था

बिन दहेज़ शादी, सबको अपच थी
शादी के माहौल में, मातम मची थी
न टीवी - न कूलर, बहू बिन थी जेवर
न चांदी का मटका, न हीं फोर व्हीलर

हाय मेरे लाल तुझे क्या हो गया है ?
शोर था -
'इन्सानी बच्चा' गधा हो गया है !!

नहीं मां मैं लाया हूं बेटी जैसी बहु
दुल्हन ही दहेज़ है ये जान-समझ तू
है पवित्र बंधन नहीं कोई दलाली
दहेज़ पर न टिकीं अपनी खुमारी
दो रोटी कम तो कम ही सही है

बहू लाया हूं कोई बिज़नेस थोड़ी है

शायद !
खाली हाथ लौटा, मैं पहला दुल्हा था
पर बताऊं यारो, वो लम्हा गजब था
मैं पहला था शायद, शादी की थी जिसने
बाकियों ने किये थे ससुर जी से सौदे
गधे तो वो है, जो ये खेल खेलते हैं
दूषित प्रथा का जहर जो घोलते है

53. सरकारी दफ़्तर की फाइलें

सरकारी दफ्तरों में धूल खातीं
एक के ऊपर एक लदीं-पड़ी फ़ाइलें
कोई मामूली फ़ाइलें नहीं होती

वे किसी कृषक के बोरवेल की अनुमति हो सकती
या फिर जरूरतमंद मेधावी की लंबित छात्रवृत्ति
किसी विधवा की पेंशन हो सकती
या फिर किसी दिव्यांग की ट्राई साईकिल

सरकारी दफ्तरों में धूल खातीं ये फाइलें
सिर्फ़ फाइलें नही
इक जरूरतमंद के सपने होते
सुस्त प्रशासन अफ़सरशाही
इन कोमल सपनों को
जर्जर सरकारी दफ्तरों में
कैद रखते

54. गांव की याद

मंदिर में रखी खड़ाऊ
बाबा के मन में कृष्ण राम
आँगन में तुलसी का पौधा
सूरज से बहतीं लाल किरण
धान रोपतें खेतिहर
आम से लटकती बौरें
पेड़ के नीचे बैठी चौपाल
गाय बकरियाँ चराते गोपाल
रेडियो में सुनते आकाशवाणी
कुँवें से खिंचता पीने का पानी

घर की घंटी बजती है
स्वप्न टूटता हैं
नींद खुलती है..
दरवाज़ें पर एक हांफता हुआ नवयुवक

"सर आपने खाना आर्डर किया था"
आपके फ्लैट की लिफ्ट ख़राब...

55. ऐतिहासिक भूलसुधार

अभ्यन्तर में भड़काओ नव ज्वाला
घोर तम में फैले उँजियारा
बंजर भूमि में उगे नव अंकुरित बीज
एक निमिष भी न रहने पाए
कलंकित यह रीत

शस्य श्यामला स्वर्ण भूमि का
लौटे गौरव मान पुनः
श्रापित तीन सौ सत्तरवीं धारा का
अंत तुरंत सुनिश्चित हो

कीमत कम न चुकाई थी हमने
शहादतों की, संहारों की
शोषित अपमानित महिलाओं की
अनगिनत अपहरित सीताओं की

लौट कर आये नहीं जो श्रवण कुमार
स्वप्न सारे चूर, टूटे आशाओं के बाँध
भूल ऐसी जो निगले कई हज़ार
शर्मशार मानवता
सिसक उठी धरती माँ

56. सज़ग रहना पहरेदार

अमावस की रात बीती
पूनम का चाँद उगना शेष है
शत्रु जरूर है लहूलुहान, यद्यपि
मन में भरे घोर मलिनता द्वेष है

नापाक है पड़ोसी
नापाक इरादों से सन्नद्ध
आतंक के स्त्रोत से
अमन की अपेक्षा हास्यस्पद

घर में भेदी भी असंख्य
जयचंद मिले पग-पग पर है
अपनी ही माँ को कोसते
टुकड़े करने का दम भरते

तीर कमान से सज्ज रहें
असुरों का एक अवशेष न बचे
नव अंकुरित बीज तो उग आये
घाटी में, कुसुम खिलना है शेष

57. शिक्षा का महत्व

अन्तर्मन में ठहरे शून्य
शिक्षा बिन जीवन किस मूल्य
बिन शिक्षा क्या शुभ - क्या लाभ
अभ्यंतर में तम का वास

अशिक्षित निज हक को न जाने
श्रेष्ठ-हीन का भेद न समझे
तम में जीवन उलकू पसरा
दूषित सोच, अन्धविश्वास का बसेरा

उर्वरक शिक्षा फसल रूपी जीवन में
सजग समाज श्रेष्ठता के पथ पर
सुख समृद्धि सब शिक्षा की महिमा
शिक्षा एक मात्र हल दूर हर कालिमा

58. निशा (हाइकू)

लाशों का ढेर
लाशों पर 'मत' खेल
सियासी षंडत्व

निशा का तिरपाल
मानव कृश बेहाल
मृत्यु तांडव

शहर बसाया
गाँव को क्यों लौटते
भोले पांडव

59. गिरने की फ़ायदे

गिरने के बड़े फायदे है

थोड़ी चोट आई
थोड़ी मोच आई
थोड़ी धूल लग गई
थोड़ी बुद्धि खुल गई
क्यों गिरे ? कैसे गिरे ?
इसकी अनुभूति हुई
अब ना गिरेंगे
सजग रहेंगे की प्रविती बनी !!

हाँ मिलते है
और मिलते रहेंगे
पथ कुश-कंटकों से सजे
बिना पीड़ाओं के प्रहलाद कब पले-बढे
बैठे बिठाये कब, किसके क्या हाथ लगा
तप-तपस्याओं के बल पर ही
अर्जुन को गांडीव प्राप्त हुआ

अंतिम पृष्ठ में होता उद्धघोष
जय सिया राम और जलते हैं, घी के दिए
शेष पृष्ठों में हुआ वनवास, संघर्ष पूर्ण जीवन
अन्धकार के गढ़ तोड़े !!

60. कविता चोरी हो गयी

तिलमिलाया लेखक
क़लम छटपटायी
व्यथित हुआ अन्तरमन
विस्मित ईमान की स्याही

सहमे कवि कविराज
स्वरचित कविता का व्यापार देख
स्वर्ण-शब्दों से सुसज्जित रचना
एक तस्तर गजनवी ने लूटा लेख

प्रेम अश्रु भाव से सिंचित रचना
अखबार में छपी कवि की कविता
कविता का श्रेय किसी और सिर बोला
शब्द कवि के, वाहवाहीं कोई दूजा ले दौडा

विद्या की देवी जिसपर प्रसन्न
उसकी प्रतिभा कौन छीन पाया ?
अमृत की कोख से जन्मा
कब विष से, हैं घबराया ??

61. कर्ज़

कर्ज़ में डूबे खेतिहर किसान
प्रकृति से कम बैंको से ज्यादा लड़ते है
कीट-पतंग अंधड़-ओलें से अधिक
किसी पैंट-बुशर्ट में सरकारी बाबू से भय खाते
काले बदरा से अधिक उन्हें कर्जमाफी की आस प्यारी होती
क्या रबी - क्या ख़रीफ
ज़ायद की फ़सलें भी उगा पाना पहाड़ लगती

धरती का वछ चीर
नव अंकुरित बीज उगाने वाले किसान
कर्ज़ में डूब कर
किसान का पौरुष भूल
सर्कस के सिंह बन जाते हैं
अन्नदाता का यूँ हाल देख
कोई फिर भी क्यों नही लज़ाते

62. आंकड़ें

आँकड़े बोलतें हैं
गर्जना करते !!

प्रति हज़ार नर में कितनी बच पाई मादाएं ?
प्रति हेक्टयर फ़सल में कितने कृषक अजीवित पाएं ?
प्रति दिन कितनी सीतायें अपहृत ?
कितने घर होते बियावान ?
प्रति पल कितने स्वप्न चूर ?
कितने रह गए मानव उचाट ?

ज्यों-ज्यों आँकड़े बढ़ते है
उर उग्र हो उठता हैं
आंकड़ों की गर्जना बोधगम्य
'तीसरा नेत्र' मानों खुलता हैं

मत कर प्रकृति नियम की अनदेखी
राजधर्म की यूँ अनसुनी
आँकड़े बढ़ते जाएंगे यूँ ही
गेहूं संग घुन भी पिसता हैं

63. मोटर न चलईहो

नए सख्त मोटर वाहन अधिनियम और बढे हुए चालान शुल्क पर
सरकार के ऊपर इक हास्य चुटकी

मोटर न चलईहो, गोरी
राजा के राज में

चलईहो तो चलईहो
उडिके मत चलईहो
नाके पर लटकिहौ
ट्रैफिक पुलिस के जाल में

चलईहो तो चलईहो
पीकर न चलईहो
धर लिए जाओगे
अँधेरिया रात में

चलईहो तो चलईहो
हेलमेट बाँध चलईहो
मिलेंगे, वर्दी में जवान
मोदी के राज में

मोटर तो चलईहो
चालान न कटईहो
कायदा-कानून चले, गोरी
राजा के राज में

64. आस (हाइकू)

आस मृदंग
निज श्रम की थाप
मधुर सुर-ताल

आस उर्वरक
जीवन रूपी फ़सल
कृषक-मन खुशहाल

आस लचक
भीषड़ अंधड़-तूफान
वृक्ष तू अविचाल

65. साँप

CAA विरोध और दिल्ली दंगों से देश में फैली अराजकता एवं
अव्यवस्था देखते हुए रचित

आप ने कभी सांप को ध्यान से देखा है ??

सांप किसी को शौक़िया नहीं डसते
सांप अपना विष
यूँ ही नहीं जाया करते

आप ने ही उसे छेड़ा होगा
विषम परिस्थितियों की ओर
धकेला होगा
विष रोक रह पाने तक की सीमा
कुचला होगा

66. जरुरी है ?

कभी-कभार मै सोचने लगता हूँ, क्या सफल होना जरुरी है ?
श्रेष्ठ बनना अनिवार्य है ?? हाँ या ना पता नहीं, पर
शिखर तक ना भी पहुंचे हों
पर सशक्त होना जरुरी है
बातें, मग से हो या न हो
पग धरातल पर जरुरी है
दुरूहता कितनी भी आ खड़ी हो
आत्मनिर्भरता अनिवार्य है
आसन-शासन मिले, न मिले
सेवा-सतकार का भाव औदार्य है

अच्छे दोस्त, अच्छी किताबें जरुरी है
सही रास्ता, सही सोच जरुरी है
ऊँची इमारते, भव्य महल बाद में निखरेंगे
अभी तो एक-एक ईंट निहारना जरुरी है
एक-एक ईंट निहारना जरुरी है !!

67. दर्पण

आज मैंने खुद से संवाद किया

दुनिया के इस मोहजाल से परे
आज खुद की खबर ली
खुद को ही स्पर्श
खुद को ही बेनकाब किया
अपनी ही अदालत में
स्वयं को दोषी करार दिया

निज सफलताओं पर स्वयं को कह डाला, वाह शाबाश
समाज में ज्ञान-वाचन से पूर्व खुद का लिया संज्ञान
स्वयं से किया प्रेम
स्वयं को ही आलिंगन
मन में व्याप्त विसंगतियों पर किया आत्मचिंतन

दर्पण के सम्मुख रख निज को, द्वेष मिटे जब
वाटिका रुपी मन में, ढेरों कुसुम खिले तब
कालजयी जीवन में स्वयं से भेंट, न भूलो
प्रमाण वितरण से पूर्व, निज सात्विकता को परखों

68. मात्राएं

मात्राओं का कितना महत्व हिंदी में !! एक मात्रा ग़लत और भाव
बदल जाता हैं, बाबा कहते है स्वभाव का भी बहुत महत्व जीवन में,
हल्की-सी चूक रिश्ते बिखर जाते है

मूल स्तम्भ 'प्रकृति' हैं, श्रेष्ठ जीव का कविवर

मल से घिर कर भी जो करता सृजन अमृतजल

मेल करो उनसे जो ख़ुशनुमा 'पारस' से पाक हैं

मिल संग उन जीवन बसंत, पतझड़ भी मधुमास हैं

मैल भरी जिनमें, विष सेवन के जो आदी

मील की दूरी तय रखों, परित्याग में हैं उस्तादी

69. प्यास कैसे बुझाई जाए

कैसे कोई जुगत लगाई जाए ?
कैसे यह प्यास बुझाई जाए ?
संकट के बादल घिरते प्रतीत हो रहे
प्यासे मायूस चेहरें खड़े तक रहे

सूखते जा रहे कुएं, सूनसान हो रहे नल-कूप
प्यासे निराश पंछी, घटते हुए जन-जीव
सूखती हुई नदियाँ, सूखते हरे-भरे पेड़
अमृतमय होने वाली पानी की हर बूंद

स्तर गिरता भू-जल का
हाँ, गिरता स्तर मानवता का भी
कम होती बारिश भी अब तो
और कम होते इंसानी जज्बात भी

चलो ! सजग हो जाते कही देर न हो जाए
पानी को ही लेकर कही युद्ध न छिड़ जाए
रुपयों में भी जल न मिलेगा, मित्र तब तो
क्या पता पानी में भी पहरेदार लग जाए

बिन पानी जीवन है असंभव
अंत निश्चित है
कुबेर हो या सुदामा
दोनों की यह समान जरूरत है
श्रेष्ठ प्रकृति वरदान है ये,

इसे व्यर्थ ना जाने दीजिये
जिम्मेदारी समझे या समझिये मानव-धर्म
इसकी हर बूँद बचाई जाए

70. शहरी मजदूर

छठ पूजा की छुट्टी पर गाँव आया शहरी मजदूर
सुनाता है किस्से महानगरों के -

ऊँची अट्टालिकाओं में रहने वाले
बौने समाज के बारे में
देसी ब्रीड की बिल्लियों की कृशता
अंग्रेजी बिल्लियों के मुकाबले
बातों से ही दर्शनार्थ करवा देता है
बच्चन का बंगला, कनॉट प्लेस वैगैरा
नहीं बताता रंग-बिरंगे शहरों की असलियत
काली-कड़वी व्यथा

छठ पूजा की छुट्टी पर घर आया शहरी मजदूर
यूँ तो, कभी अकेला नहीं लौटता

फसां ही ले जाता है
अपने साथ गांव से तीन-चार मोहरा
खुशहाल किसानों को तब्दील कर
मज़दूरी के सांचे में ,
हाँ ,बिल्कुल अपनी भांति
खस्ताहाल शहरी मजदूर बनवाने

71. रूद्र

मेरे शिव
तुम-सा सरल भी कोई हैं क्या !!

तुम तो अनादि एवम सृष्टि प्रक्रिया के आदिस्रोत हो
सृष्टि की उत्पत्ति, स्थिति एवं संहार के अधिपति हो
मुख पर एक ओर चंद्र-सा निर्वात
तो एक ओर सर्प का तेज़ लिए बैठो हो
मैंने जब हैं तुमको पुकारा
तुम हर दुःख हरते हो
विष पीकर भी इतना तुम
सदैव मुस्कुराते हो

चूंकि, अब समय आ चुका है
तुम्हारा रौद्र रूप धारण करने का
कैलाश पर्वत से ध्यान भंग
तीसरा नेत्र खोल मृत्यु तांडव करने का
अब शंखनाद हो चुका हैं
धर्म के पथ पर चलने की बारी हैं
मैं हाल क्या बतलाऊँ अब
प्रत्यक्ष को प्रमाण की क्या देनी दुहाई है

आधे कवि आधे डॉक्टर

डॉ निमिष तिवारी का जन्म 13 मई, 1998 को उत्तरप्रदेश के प्रयागराज जिले की पावन धरती पर एक मध्यमवर्गी परिवार में हुआ था। परिवार में छोटे, नटखट एवं सरल और सहज स्वभाव के धनी 'निमिष' बचपन से ही अपने बाबा के मुख से कृष्ण की महिमा सुनते-पढ़ते आये, जीवन मूल्यों की महता जानी, उनके आदर्शों का अनुकरण किया और उनकी ही प्रतिछाया में इस पुस्तक को अंतिम रूप दिया है ।

22 वर्षीय निमिष कवि होने के साथ ही एम.बी.बी.एस के छात्र है, वे खुद को मुस्कुराते हुए 'आधे कवि, आधे डॉक्टर' कहते है । अब उनकी बात कितनी यथार्थ होगी वह तो नही ज्ञात, पर निमिष एक आदर्श छात्र एवं शानदार व्यक्तित्व हैं ।

सृष्टि द्विवेदी

www.ingramcontent.com/pod-product-compliance
Lightning Source LLC
Chambersburg PA
CBHW022029150726
47990CB00002B/877